NOTES HISTORIQUES

SUR L'ÉGLISE DE

SAINT-SYMPHORIEN

DE TOURS

PAR

L'abbé A. PELÉ
VICAIRE DE SAINT-SYMPHORIEN
MEMBRE DE LA SOCIÉTÉ ARCHÉOLOGIQUE DE TOURAINE

TOURS
IMPRIMERIE DESLIS FRÈRES
6, RUE GAMBETTA, 6
—
1900

NOTES HISTORIQUES
SUR L'ÉGLISE DE
SAINT-SYMPHORIEN

DE TOURS

PORTAIL DE L'ÉGLISE SAINT-SYMPHORIEN

NOTES HISTORIQUES

SUR L'ÉGLISE DE

SAINT-SYMPHORIEN

DE TOURS

PAR

L'abbé A. PELÉ

VICAIRE DE SAINT-SYMPHORIEN
MEMBRE DE LA SOCIÉTÉ ARCHÉOLOGIQUE DE TOURAINE

TOURS

IMPRIMERIE DESLIS FRÈRES

6, RUE GAMBETTA, 6

1900

A

M. L'ABBÉ CHEVREAU

CHANOINE HONORAIRE
CURÉ DE SAINT-SYMPHORIEN

EN SOUVENIR DE SES NOCES D'OR (1850-1900)

Hommage respectueux

L'Église de Saint-Symphorien[1]

Dans vos promenades sur la route de Vouvray, n'imitez pas certains touristes. Encore sous le charme des merveilles qu'ils ont admirées à la Cathédrale et ailleurs, ils se dirigent vers Marmoutier, et, en passant, montrent pour la petite église de Saint-Symphorien une indifférence, qu'elle ne mérite point.

Sa parure extérieure est modeste, il est vrai. Aperçus du quai, sa charpente disgracieuse et ses contreforts lourds et mal dessinés n'ont rien de séduisant. Mais son portail, splendide joyau de la Renaissance, son

---

[1] Cette église a porté différents noms : *Ecclesia sancti Symphoriani, in latere montis qui vocatur altionis* (Charte du comte Hugues, 968) ; *Ecclesia sancti Symphoriani de Ponte* (Charte de Marmoutier en 1148) ; Saint-Symphorien des ponts de Tours, au xiv° et au xv° siècle ; Eglise de la réunion du Nord en 1793 (De Busserolles).

abside du XIIᵉ siècle et quelques pierres jetées çà et là, forment une page d'histoire, intéressante pour l'archéologue et le voyageur.

Nous la lirons ensemble, et nous étudierons les diverses transformations de cette église depuis le Vᵉ siècle jusqu'à nos jours.

CHAPITRE I

AVANT LE V⁰ SIÈCLE

Quelques historiens placent le berceau de la ville de Tours sur le plateau de Saint-Symphorien. Ce choix, s'il eut lieu, dénoterait le bon goût de nos ancêtres. Quel magnifique panorama se déroule, en effet, du haut de ces collines, si gracieuses à l'automne et au printemps !

Quoi qu'il en soit, une population nouvelle vint, de bonne heure, se fixer aux pieds du coteau. Les circonstances, une certaine nécessité et la beauté du site le voulurent ainsi.

Les quatre grandes voies romaines qui reliaient Angers, Le Mans, Chartres et Blois, se réunissaient sur le plateau de Saint-Barthélemy et descendaient la colline pour aboutir au fleuve. Celui-ci devenait un obstacle pour le voyageur. Le passage de la Loire, aujourd'hui si facile, était alors incommode et périlleux. Un pont de bateaux, souvent emporté par les crues, reliait seul les deux rives.

Pour faciliter les communications et éviter tout danger, un service de bacs s'imposait, et fut établi. Des *passeurs* fixèrent leur résidence sur la rive droite, des commerçants les suivirent et montèrent boutique. La vie simple et pauvre de ces hommes, hardis bateliers, pêcheurs habiles, toujours à la disposition du voyageur attardé, contrastait singulièrement avec les mœurs de leurs compatriotes plus riches et plus policés de la rive gauche.

Le christianisme dut s'implanter de bonne heure dans ce faubourg. La vie pleine de dévouement et de charité de ces *passeurs* était une excellente préparation aux sacrifices et aux vertus qu'exige la religion catholique.

D'ailleurs, ces bateliers ne foulaient-ils pas un sol sanctifié par deux hommes illustres!

Saint Gatien, premier évêque de Tours, en butte à la persécution des païens, trouva un refuge assuré de l'autre côté du fleuve. Entouré de quelques fidèles, il creusa, de ses propres mains, dans le flanc de la colline, deux grottes, l'une à Marmoutier, l'autre à Sainte-Radégonde, et y vécut en paix. Cette conduite de l'évêque fait honneur aux sentiments chrétiens et à la généreuse hospitalité des habitants du faubourg.

Plus tard, au IVe siècle, saint Martin aimait à traverser le fleuve pour aller se reposer à Marmoutier. Il suivait, nous dit Sulpice Sévère, un petit sentier qui courait le long du coteau. Un saint ne visite pas en vain une population : son passage laisse des traces; ses vertus édifient ; sa parole d'apôtre éclaire et convertit. Nos pères durent subir cette sainte influence. Ils devinrent les disciples fervents du grand Thaumaturge.

Cependant nulle église ne desservait le faubourg. Il appartenait à saint Perpet, sixième évêque de Tours, d'accomplir cette œuvre.

CHAPITRE II

ÉGLISE DU Vᵉ SIÈCLE

Saint Perpet, originaire d'Auvergne, occupa le siège épiscopal de Tours, de 461 à 491 et fut, dit-on, grand bâtisseur d'églises. Il éleva, sur le tombeau de saint Martin, une splendide basilique, qui fit l'admiration de ses contemporains.

Dans ses visites à Marmoutier, saint Perpet remarqua l'abandon des bateliers de la rive droite au point de vue religieux, et résolut de leur donner une église. A qui serait dédié ce nouveau temple?. Un concours de circonstances vint le seconder dans la solution de cette difficulté.

Un prêtre d'Autun, plus tard évêque de cette ville, eut le bonheur de connaître saint Perpet. Leurs relations furent des plus cordiales, et des présents vinrent souvent cimenter les liens d'amitié qui les unissaient. Euphrône fit envoyer un magnifique marbre pour orner le tombeau de saint Martin. L'évêque de Tours n'oublia point son ami dans son testament : « Je donne et lègue à vous, Euphrône, mon bien-aimé frère, mon reliquaire d'argent garni de plusieurs reliques de saints, celui que j'avais coutume de porter ; de plus, je vous donne le livre des Évangiles que saint Hilaire, évêque de Poitiers, a écrit de sa propre main. Souvenez-vous de moi. » (*Testament de saint Perpet.*)

Saint Perpet ne s'en tint pas là. Pour récompenser le zèle d'Euphrône à propager le culte de saint Martin, il ordonna de rendre au jeune martyr d'Autun des honneurs égaux à ceux de saint Pierre lui-même. « Il est remarquable, dit le P. Longueval, de voir dans le calendrier de Tours, au rang des fêtes les plus solennelles, celles de saint Symphorien. »

Nous comprenons maintenant les raisons qui déterminèrent saint Perpet à donner saint Symphorien pour patron à l'une des églises de son diocèse.

Au témoignage de saint Grégoire de Tours, le nouveau temple s'éleva en même temps que la basilique de Saint-Martin, vers l'an 466, conclut M. L. Palustre.

CHAPITRE III

ÉGLISE DU XIIᵉ SIÈCLE

De l'église primitive, il ne reste nul vestige : sa forme et ses dimensions nous sont inconnues.

Un diplôme de Charles le Chauve (840-877) transcrit par Dom Bouquet, nous apprend qu'au IXᵉ siècle, « l'église de Saint-Symphorien, ainsi que les deux ports établis en face l'un de l'autre, furent donnés par le roi au couvent de Marmoutier ». Mgr Archambault, évêque de Tours, en 993, confirma cette donation[1].

Au XIIᵉ siècle, un nouveau temple s'éleva sur les ruines du premier. L'augmentation et la richesse de la population exigeaient une église plus grande. A cette époque, en effet, la physionomie du faubourg changea complètement, par suite d'un événement qui mérite d'être raconté.

Au XIᵉ siècle (1024), Eudes II, comte de Tours et de Blois, frère de Henri Iᵉʳ, voulut jeter un pont de

---

[1] Pendant plusieurs siècles les moines de Marmoutier eurent une certaine autorité sur l'église de Saint-Symphorien. Le droit de présentation au titre curial appartenait à l'Abbé.

pierre sur la Loire pour unir Saint-Symphorien à l'ancienne cité. « Après y avoir mûrement réfléchi, nous dit-il, j'ai conçu d'entreprendre quelque chose de mémorable, utile à la postérité et, par conséquent, agréable à Dieu, qui, par un bienfait gratuit, a bien voulu me placer au nombre des grands de ce siècle. Ainsi donc j'ai tenu à faire de grandes choses, mais n'en pouvant faire de plus grandes pour le présent j'ai ordonné, ce qui était facile, de construire un pont sur la Loire, auprès de la ville de Tours, où je sais que, dans le temps des inondations, plusieurs personnes ont péri... Sachent donc tous présents et à venir que les hommes de tout pays, soit étrangers, régnicoles, pèlerins... pourront, sans être tenus à *aucun péage*, passer librement sur ce pont. » (*Charte du Comte Eudes.*)

La construction d'un pont de pierre sur la Loire, si louable fût-elle, eut pour premier résultat l'abolition de la corporation des *passeurs* et la ruine d'un grand nombre d'habitants.

Devenus désormais inutiles, les bateliers durent demander à une autre profession le pain de chaque jour. Mais peu nombreux étaient les métiers dans ce petit faubourg. La pauvreté ou l'émigration s'imposait.

Cette crise, heureusement, ne fut pas longue. Le nouveau pont, si funeste aux *passeurs*, servit à merveille les intérêts des habitants de la ville. Les timides, qui jusque-là n'avaient pas osé s'aventurer sur une petite barque, à l'époque des crues, profitèrent de la nouvelle communication. Les beautés du site attirèrent les citadins ; le coteau se couvrit de villas ; les voyageurs, voitures, marchandises traversèrent forcément le faubourg ; l'animation revint et, avec elle, le commerce et la richesse.

Une église plus vaste devenait nécessaire, la population le comprit et se mit à l'œuvre. A ce moment, une révolution s'opérait dans l'art architectural. L'ogive faisait son apparition et s'alliait harmonieusement avec le plein-cintre. L'architecte suivit le mouvement et éleva un temple dont il nous reste aujourd'hui trois parties : l'abside, la travée qui précède le sanctuaire, et un clocher en pierre.

Abside. — L'abside, étroite et peu profonde, suppose un monument relativement petit. La lumière, merveilleusement distribuée par trois fenêtres romanes, fait ressortir la pureté des lignes de la voûte gothique et l'élégance du grand arc. Le tout serait parfait si l'élévation était plus grande. Ce défaut n'existait pas primitivement, car les piliers ont été enfouis de 2 mètres par suite de l'exhaussement du sol.

Cette abside connut, un jour, les effets du vandalisme. Au XVIIe siècle, un autel, surmonté d'un immense rétable demi-circulaire, fut placé dans le sanctuaire. Pour installer cette décoration théâtrale, les colonnes furent décapitées, les arêtes des voûtes nivelées, les chapiteaux brisés et les fenêtres en partie détruites.

En 1869-1870, M. Bodin, curé de Saint-Symphorien rendit à l'église son véritable cachet. La restauration fut admirablement conduite par M. Guérin, architecte. Du rétable il nous reste encore un tableau placé aujourd'hui près la porte du Nord.

L'extérieur de l'abside est à pans coupés. Au-dessous d'une corniche ornementée fourmillent tout un monde grimaçant. Le moyen âge aimait les symboles. A l'intérieur des monuments, chaque verrière formait une page artistement écrite de la vie des saints. Au dehors, surtout, des corbeaux, par leur laideur, inspiraient aux chrétiens l'horreur des vices qu'ils représentaient. Treize figures ornent l'abside de Saint-Symphorien ; que signifient-elles exactement ? Il est difficile de le dire.

Travée. — La travée qui précède le sanctuaire nous donne une idée de celles qui ont disparu et nous les fait regretter. Ses piliers, un peu massifs, sont couronnés de chapiteaux, aux feuilles habilement fouillées. L'un d'eux représente quatre figures de sirènes qui dénouent leur longue chevelure et paraissent jouer.

Un épisode intéressant se rattache à l'histoire des piliers de cette travée.

Avant la révolution, tous les ans, au mois de décembre ou de janvier, les paroissiens se réunissaient « au son de la cloche » devant le portail de l'Église pour élire les Fabriciens et s'occuper des travaux les plus importants.

Ces assemblées, présidées par le pasteur, étaient d'ordinaire très calmes. Celle du 27 décembre 1761 fit exception.

Ce jour-là, M. Gayaud, curé de Saint-Symphorien, demanda la réparation des piliers. L'urgence du travail fut unanimement reconnue nécessaire ; mais nul ne voulut prendre l'engagement de payer les 1.630 livres « qu'un arrêt du Conseil d'Estat du Roy (20 octobre 1761) autorisait à prélever sur laditte paroisse ».

(*Archives d'Indre-et-Loire.*) « Les habitants bien tenants, nous dit le procès-verbal, prétendent que la réparation du troisième pilier est à la charge des décimateurs, attendu que ledit pilier est dans le chœur actuellement existant[1]. Les décimateurs, au contraire, soutiennent que c'est à la charge des habitants bien tenants, attendu que le chœur a été allongé et que le pilier n'était point dans l'ancien chœur, qui est distinct par les voûtes. » Pour terminer ce débat, M. Mathieu Cottereau fut nommé arbitre des partis. Il donna raison aux décimateurs et « réclama 9 livres pour sa consultation ».

Clocher en pierre du XIIe siècle. — Avez-vous remarqué, à l'extérieur de l'église, entre l'abside et la nef, un pignon aux bords moulurés, ajouré de deux étages de baies cintrées ? C'est l'ancien clocher ouvert du XIIe siècle. Vu des combles, il apparaît dans son état primitif avec ses profondes rainures, creusées dans la pierre par le frottement des cordes. Ses fenêtres furent closes, le 25 mars 1784, par ordre de M. Paul Michau, curé de Saint-Symphorien : « Dans le pignon au levant et aux ouvertures où étaient entiennement les cloches, l'entrepreneur a fourni à chacune fenêtre un appui en pierre de 3 pieds de hauteur sur 2 pieds quarrés, ce qui fera

---

[1] Au moyen âge, le Seigneur de la paroisse et plus tard les personnes riches conjointement avec le curé devaient faire les réparations du chœur et les paysans avaient l'entretien de la nef, « parce qu'elle leur appartenait », disent les jurisconsultes de cette époque.

pour les quatre ouvertures deux tiers de toises de massonnerie. » (*Archives d'Indre-et-Loire.*)

Un escalier en pierre, visible en partie aujourd'hui, était enfermé dans le pilier, actuellement situé entre le sanctuaire et l'autel de la sainte Vierge et conduisait au clocher.

CHAPITRE IV

ÉGLISE DE LA RENAISSANCE

Vers la fin du XVe siècle, la population du faubourg Saint-Symphorien s'accrut considérablement, grâce à l'apparition d'une nouvelle industrie.

En 1470, en effet, Louis XI établissait à Tours les manufactures de soieries, quatre ans après celles de Lyon. Le roi fit venir d'Italie « des faiseurs de drap de soie », qui formèrent des ouvriers français. Les métiers se multiplièrent sur la rive droite, et le faubourg devint le centre d'une population de tisseurs, « qui font, disent les archives de l'époque, des pannes si belles qu'on les envoie en Espagne, en Italie et autres pays étrangers. Les taffetas unis (gros de Tours) qu'on y fait aussi ont un si grand débit qu'il n'est pas besoin d'en chercher ailleurs. Les velours rouges, violets et tannés s'y font maintenant plus beaux qu'à Gênes. C'est aussi le seul endroit où il se fait des serges de soie ; la moire s'y fait aussi belle qu'en Angleterre ».

L'augmentation de la population exigeait une église plus vaste. L'architecte conserva les trois parties du

XIIᵉ siècle que nous avons décrites, construisit la nef et y ajouta deux bas-côtés.

Nef. — La nef principale avec ses arcs gothiques, d'un côté, et romans, de l'autre, est plus élevée que le chœur. Ses piliers sans chapitaux et ses colonnes terminées par un anneau sculpté offrent peu d'intérêt. Des fenêtres habilement percées auraient donné à cette partie haute de l'église, toujours plongée dans une demi-obscurité, plus de relief et d'élégance. La rapidité des travaux peut seule expliquer la maladresse de l'architecte. « Au lieu de laisser le dernier claveau libre, remarque M. L. Palustre, et d'empêcher ainsi la déformation des arcs, on engagea dans la muraille la tête des étrésillons, qui naturellement se sont brisés et ont perdu toute leur force au premier tassement. » Une excursion dans les combles nous donne un aperçu du danger couru par les habitants. Les contreforts extérieurs furent alors doublés.

Les clefs de voûtes sont ornées d'écussons sans armoiries. L'ouverture circulaire pratiquée à la jonction des arcs-doubleaux de la dernière travée fut faite sous les ordres de M. L. Michau, curé (1784), pour monter et descendre les cloches. Enfin, sur le tympan du chœur, une fresque représente le martyre de saint Symphorien, au moment où l'enfant rencontre sa mère.

Partie méridionale. — Le côté sud de l'église porte le cachet de la dernière période ogivale. Ses contreforts, placés à l'intérieur, la divisent en plusieurs chapelles éclairées par des fenêtres au style flamboyant[1].

1ʳᵉ Chapelle. — Les fonts baptismaux occupent depuis longtemps la première chapelle. Une petite statue, appliquée par le sommet de la tête à la clef de voûte, représente saint Jean-Baptiste avec son manteau grossier. Au premier abord, cette figurine paraît un hors-d'œuvre; mais l'examen de son socle sculpté nous met en face d'un joli pendentif, qui, tout naturellement, trouve ici sa place.

Dans un coin, près de la fenêtre, servant de support à l'une des arêtes de la voûte, un petit ange, au vol léger et joyeux, tient dans sa main droite un cartouche sur lequel se profile une tête grimaçante. Triomphe personnifié de l'ange de Dieu sur le démon dans le sacrement de baptême.

Enfin une inscription, en grande partie cachée sous un enduit de chaux, a été reconstituée; elle porte ces paroles du divin Maître : *Baptizate eos in nomine Patris et Filii et Spiritus Sancti.* Sur le mur du contrefort s'aperçoivent également des traces de peinture. Ne serions-nous pas en présence d'un tableau du baptême de Jésus ?

2ᵉ Chapelle. — La voûte de la chapelle suivante mérite un examen particulier. Des bourdons et des pannetières de pèlerins, unis ensemble, sont appliqués entre chaque arc-doubleau, et des coquilles jetées çà et là finissent la décoration. Cette chapelle fut évi-

[1] M. L. Palustre.

demment consacrée à saint Jacques le Majeur, que le moyen âge aimait à représenter avec le bâton, la besace et les coquilles. Le culte de l'apôtre était en honneur sur les bords du fleuve. N'existait-il pas, entre les deux ponts, une île habitée par 900 ménages et appelée « île Saint-Jacques ». N'oublions pas que le saint était honoré comme le gardien et le protecteur du mûrier. Or la culture de cet arbre se faisait en grand sur les plateaux de Saint-Symphorien, au XVIe siècle. En 1571, en effet, le maire et les échevins, pour se ménager les bonnes grâces de sire Arthur de Cossé, maréchal de France et gouverneur de Touraine, lui firent présent de 600 pieds de mûriers blancs et les achetèrent dans les deux faubourgs de la ville, Saint-Cyr et Saint-Symphorien (Dumas).

Dans la même chapelle se voit une petite tribune de $2^m,30$ sur $1^m,60$. Sans ornements ni sculpture, elle est couronnée par une balustrade en bois. Son histoire nous a été conservée dans une délibération du conseil de Fabrique : « Le 30 septembre 1764, le sieur Gayaud, curé de Saint-Symphorien, a fait remarquer aux habitants réunis devant la porte de l'église que Mme la duchesse de Rochechouart avait fait construire, dans une chapelle, une tribune pour assister aux offices : qu'elle est décédée, qu'à sa mort la paroisse est entrée, ainsi qu'il est de droit, dans la propriété de cette tribune, que les habitants ont prié verbalement Mme de Menou de Thibergeau, habitante de cette paroisse, qui, en plusieurs occasions, a donné des marques réitérées de sa bienfaisance et de sa générosité, d'occuper cette tribune, que le sieur curé pense qu'il est de la reconnaissance d'offrir à Mme de Thibergeau de jouir pendant sa vie de cette tribune. » (*Archives d'Indre-et-Loire.*)

Cette proposition fut unanimement acceptée. Je ne sais si la bienfaitrice fut contente, mais je constate que jamais place ne fut plus mal choisie pour assister aux offices. Depuis quelques années cette tribune a été mise hors d'usage.

3ᵉ Chapelle. — Le chercheur d'énigmes pourra ici exercer son talent. La clef de voûte, en effet, est ornée d'un médaillon, jusque-là indéchiffré. Il représente un personnage debout. De la main droite, il tient une croix, ou un bâton, terminé par un serpent enroulé en forme d'anneau; au milieu se détache un agneau. La main droite, à demi soulevée, montre ces emblèmes au peuple. Enfin quatre lettres, sculptées en relief, sont placées, deux à droite : R. P. et deux à gauche : I. P. Elles indiquent, en abrégé, le nom de quelque fondateur.

Mais que représente ce médaillon? Ne serait-ce pas saint Jean montrant les deux grands symboles du Christ, réunis par l'artiste dans une même idée : le serpent d'airain, élevé par Moïse dans le désert et dont la vue seule guérissait les infirmités corporelles, et l'agneau de Dieu qui « pardonne les péchés »?

L'église du XIIᵉ siècle n'avait pas de bas-côtés; nous en trouvons la preuve dans les combles de cette chapelle. Une large fenêtre ogivale, à demi masquée par l'édifice de la Renaissance, nous laisse voir l'accolement de la nef latérale actuelle au chœur de l'ancienne église.

A la clef de voûte, on aperçoit une roue soutenue

par deux génies. Cette chapelle aurait-elle été dédiée à sainte Catherine, martyre d'Alexandrie, condamnée au supplice de la roue ? Une adjudication des travaux exécutés au milieu du XVIIIe siècle semble reconnaître sainte Marguerite comme patronne de ce lieu.

Cette clef de voûte rappellerait plutôt un souvenir des anciennes corporations. Certains corps de métiers, au moyen âge, faisaient don à leur église d'une chapelle ou d'une voûte, et l'artiste y sculptait l'image de l'objet fabriqué par les ouvriers.

L'autel, aujourd'hui dédié à saint Joseph, conserve sur un médaillon la date de 1634.

Nous arrivons maintenant dans le bras droit du transept, bâti au XVIe siècle ; c'est la partie la plus moderne de l'église. Les voûtes de la chapelle Saint-Symphorien portent quatre flèches et un magnifique pendentif orné de figures. L'autel Renaissance renferme une statue en terre cuite du jeune martyr d'Autun : elle est l'œuvre de M. Avisseau de Tours.

Partie septentrionale. — Je ne sais si, dans vos voyages, vous avez rencontré un monument d'aspect plus original que cette partie de l'église Saint-Symphorien.

Sa forme est étrange. Très étroite à son point de départ, elle se développe en éventail. La nécessité de suivre l'alignement de l'ancienne voie romaine explique il est vrai, cette anomalie.

Plus bizarre encore est l'intérieur où le roman et le gothique se coudoient. La courbe disgracieuse des grands arcs contraste singulièrement avec l'élégante légèreté de l'abside. Les arêtes des voûtes déroutent l'œil ; celles-ci finissent brusquement pour disparaître dans le mur ; celles-là viennent aboutir à 2 mètres du sol d'un côté et à 4 mètres de l'autre. Nous laissons aux touristes le soin de juger si vraiment ce désordre est beau et s'il est un effet de l'art ?

L'exiguité de cette nef septentrionale rend les chapelles à peine saillantes. Elles ne présentent, d'ailleurs, aucun intérêt. Sur la première clef de voûte se dessine un ange aux ailes déployées ; sur la seconde, l'image du Père Éternel ressort en relief : coiffé de la tiare, il soutient de sa main gauche le globe terrestre surmonté de la croix, tandis que sa main droite bénit.

Un autel s'élevait jadis à l'endroit occupé aujourd'hui par Notre-Dame de Lourdes. Les traces d'une niche et d'une console, pour recevoir les burettes, nous disent que le saint sacrifice de la messe fut offert en ce lieu. Serait-ce la chapelle Saint-Martin dont il est question dans une délibération du conseil de fabrique, conservée aux Archives départementales ?

Vous avez, sans doute, remarqué ces quatre colombes fixées à la voûte de la chapelle de la sainte Vierge. Certains archéologues ont voulu voir dans ces symboles les restes d'un autel consacré au Saint-Esprit. Elles sont plutôt les emblèmes de la pureté de la Mère de Dieu. Un document daté de 1784 fait mention de travaux exécutés « dans les combles de la chapelle de la Sainte-Vierge ». Le culte de Marie y était donc en honneur depuis longtemps.

En examinant attentivement le mur qui longe la rue du Nouveau-Calvaire, on remarque deux parties distinctes. Du sol à la hauteur de $2^m,50$, des réparations ont été exécutées. Mais, sous l'enduit de la partie supérieure, on aperçoit les restes d'anciennes peintures. A quelle époque disparut cette décoration ? un document nous le dit : « Le 27 décembre 1763, M. le curé Gayaud a remontré à ses paroissiens que l'église de Saint-Symphorien avait besoin d'être blanchie dans toute son étendue, voûtes, piliers, chapelles, sacristie, murs, plafonds, etc..., que toutes ces réparations doivent être supportées par la fabrique, que M. le curé offre néanmoins d'en payer la moitié. » (*Archives d'Indre-et-Loire.*)

CHAPITRE V

LE PORTAIL

Sortons maintenant de l'église pour étudier et admirer ce magnifique chef-d'œuvre de la Renaissance. Suivant une tradition, il fut élevé par la famille Denis, à l'occasion du mariage de l'un de ses membres[1]. Nous serions heureux de connaître plus intimement le généreux bienfaiteur ; sa modestie ne l'a pas voulu. L'histoire, il est vrai, nous signale Paul Denis, capitaine des gardes de Henri III ; mais les quarante-trois années écoulées entre la construction de notre portail et l'avènement du roi de France font supposer que cet officier de la Cour ne fut pas le donateur.

En quelle année l'Eglise de Saint-Symphorien reçut-elle ce cadeau vraiment royal? Le millésime 1567, gravé sur le socle de la statue de saint Pierre, fut pendant longtemps regardé comme l'acte de naissance du portail.

En 1870, M. L. Palustre découvrit la date de 1531, écrite dans l'un des caissons qui ornent la partie inté-

[1] M. L. Palustre.

rieure du pilier gauche du grand arc. Le savant archéologue fit alors remarquer que la date d'un monument se met rarement sur un objet mobile. D'ailleurs, les statues de saint Pierre et de saint Paul sont d'importation étrangère et n'ont jamais été faites pour le portail. La surélévation de la statue de l'Apôtre des Gentils nous le montre assez.

En 1897, un autre archéologue distingué, M. l'abbé L. Bossebœuf, découvrit au-dessus de la porte d'entrée (côté gauche) une nouvelle date : 1526. Commencé en 1526, le portail fut achevé en 1531.

Pour décrire les beautés de ce chef-d'œuvre, une plume plus exercée que la nôtre serait nécessaire. N'est-il pas une page savamment composée où l'art s'unit aux textes sacrés pour chanter les louanges de Dieu et inspirer aux fidèles, qui vont franchir le seuil du temple, le respect des choses divines. Voyez, en effet, toute la série des objets liturgiques représentés dans les caissons des piliers du grand arc cintré : c'est le bénitier, les chandeliers, le livre, le calice, les burettes, la patène à demi voilée sous le corporal, les deux cierges placés en sautoir, enfin un second livre dont la couverture est ornée du monogramme du Christ et de Marie : I. H. S. M. (*Jésus, Maria*).

Sur les côtés extérieurs des mêmes piliers se dessinent tous les instruments de la passion : croix, couronne d'épines, clous, fouets, etc. Nous apercevons même, à la base d'une colonne, un écusson isolé dont l'écu est orné d'une rose épanouie.

Quant aux autres parties, voici ce qu'en pense M. Bourassé : « Il faut renoncer à peindre ces mille arabesques, ces guirlandes légères, ces fleurons épanouis, ces bandelettes flottantes, produits d'une imagination fertile et d'une main savante. »

A la voix de l'art vient s'unir celle de la Sainte-Écriture : « *In domum Domini* lætantes *ibimus !* Nous entrerons avec joie dans la maison du Seigneur » (Ps. CXXI), lisons-nous au-dessous des trois statues.

Le mot *lætantes* fut introduit dans le texte pour exprimer le bonheur des deux fiancés, donateurs du portail, quand ils franchirent le seuil de l'église pour s'unir à jamais devant l'autel.

Les quatre vers suivants, inscrits sur les cintres des petites portes, rendent la même pensée :

> Régi sidereo jubilemus corde benigno
> Qui superis sanctum sociavit Symphorianum.
> Angelicis turmis sociatus Symphorianus
> Oret pro nobis pietatem cuncta potentis.

Le cœur plein d'effusion, rendons grâces au Roi des cieux, qui a placé saint Symphorien dans la société des bienheureux... O Symphorien, vous qui vivez au milieu des chœurs angéliques, implorez pour nous la bonté du Tout-Puissant (M. L. Palustre).

Sur le socle de la statue de la sainte Vierge est inscrite l'invocation suivante :

> Salve, certa salus mundi, sanctissima Virgo.
> Salut, Vierge très sainte, le refuge assuré du monde.

Sur les parchemins déroulés au-dessus des portes et soutenus par des génies sont également deux inscriptions en lettres gothiques. Celle de droite, déchiffrée par M. Léon Palustre, est empruntée au livre de l'Ecclésiaste : *Deum Ama et mandata ejus observa :*

hoc est enim omnis homo. « Craignez Dieu et observez ses commandements : car c'est là tout l'homme. » (Chap. XII, 13.)

L'inscription de gauche, lue pour la première fois par M. l'abbé L. Bossebœuf est ainsi conçue :

<pre>
       ANDRÉ GUILLOT.....
       CHANOINE ?   CURÉ   DE
    . . . .
    . . . A FAICT   COM.
     MACER CESTUY PORTE
              1526.
</pre>

Les vantaux du portail, ornés de deux bas-reliefs, sont assez bien conservés. L'un représente saint Symphorien à genoux, offrant sa tête au glaive du bourreau. L'autre nous donne la figure de saint Jérôme, à demi couché près du lion, qui, selon la tradition, venait souvent le visiter.

Aux quatre coins, se détachent des petits médaillons portant, sculptés en relief avec leurs noms, les symboles des Évangélistes.

A l'intérieur de l'église, au-dessus de la porte, court une longue frise en plâtre. Plusieurs figures et deux personnages mutilés ornent cette décoration de style Renaissance.

A la pointe de la façade sont gravées les deux lettres M. F. avec la date de 1520 (?)

M. l'abbé L. Bossebœuf reconnaît avec raison dans ces initiales, la signature de l'architecte Martin François, déjà célèbre par la construction d'une partie des tours de la cathédrale et du portail de l'église Saint-Vincent.

CHAPITRE VI

ÉPOQUE MODERNE

L'église de la Renaissance n'a subi aucun changement notable.

Au nombre des curés qui administrèrent la paroisse de Saint-Symphorien, nous remarquons le nom de M. Gayaud (1753-1768). Actif et zélé, il s'occupa de l'école religieuse de garçons, du séminaire ou logement des prêtres. Grâce à lui, la couverture de l'église fut refaite, la question des bancs et chaises réglée, les linges sacrés, destinés au saint sacrifice, complètement renouvelés. Signalons, à ce propos, la coutume suivante établie par ce pasteur : « Le 20 janvier 1754, le sieur curé Gayaud et les fabriciens de Saint-Symphorien ont remontré que les revenus ne pouvaient suffire aux entretiens nécessaires du linge dont l'église se trouve dénuée. Il serait à propos, pour y suppléer, d'établir en cette paroisse l'usage observé dans plusieurs autres circonvoisines, où les filles et les femmes veuves, au moment de leur mariage, font présent d'une certaine quantité de fil de Brin destiné à l'entretien et augmentation du linge de l'église, ce qui est une œuvre pieuse et qui tend à attirer les bénédictions de Dieu sur les mariages. A l'instant, la matière fut mise en délibération et, après en avoir conféré, lesdits habitants unanimement ont délibéré qu'à l'avenir les filles et les femmes veuves de cette paroisse, lors de leur mariage, seront exhortées et engagées à donner, pour l'entretien du linge nécessaire au service divin, chacune une livre de fil de Brin blanc, ou 24 sols. » (*Archives d'Indre-et-Loire.*)

Une autre délibération du conseil de Fabrique nous donne une idée de la situation d'un sacristain, au XVIIIe siècle : « Le sieur curé Gayaud demande qu'un second bedeau soit nommé pour mieux faire le service de l'église. Il fait remarquer que l'on donne actuellement, par an, à René Auger, père, marguillier, 20 livres, outre les émoluments attachés à sa place pour remonter l'horloge, en avoir soin et faire tout ce que son emploi demande; que ledit Auger, père, a présenté René Auger, son fils, âgé d'environ vingt ans, pour second marguillier, s'offrant à partager avec luy tant les 20 livres que ses émoluments, suppliant les habitants de la paroisse de le nommer, ce qui est unanimement accepté.

« En conséquence, lesdits habitants ont augmenté de quinze livres les gages de marguillier, ce qui fera 35 livres par an, à la charge par lesdits Auger père et fils de se trouver à tous les offices de l'église des dimanches, festes et jours simples, sonner tous les jours la messe et services ; quand il ne se trouve personne conduire les questeuses, les dimanches et festes, distribuer le pain bénit, assister les prestres quand il vont en paroisse, balayer et épouster l'église et les autels, les veilles et lendemains de dimanches et festes et toutes les fois qu'ils en auront besoin et que M. le curé le jugera à propos ; fournir les ballets, ainsy que les buis le dimanche des Rameaux ; plier et serrer les ornements et faire dans la sacristie ce qui conviendra et leur sera ordonné par M. le curé et les fabriciens. » (*Archives.*)

La Révolution respecta l'édifice religieux, mais expulsa le pasteur. « En 1794, lisons-nous dans les registres paroissiaux, il n'y a eu que *trois* baptêmes, par la raison que, le 9 février de cette année, le culte a été banni de cette église. »

M. l'abbé Michau, curé de Saint-Symphorien dès l'an 1784, fut obligé de se réfugier en pays étranger. Il nous raconte lui-même sa rentrée de l'exil :

« Aujourd'hui vendredi, 9 juillet 1802 (20 messidor, an X), après avoir obtenu l'agrément de Mgr Boisgeslin, archevêque de Tours, j'ai repris l'exercice de mon ministère et de mes fonctions dans mon église paroissiale. Depuis le 12 septembre 1797, j'avais été privé de cette consolation, ayant été obligé, à cette époque, de me réfugier en Espagne en vertu de la loi du 19 fructidor an V. La vive satisfaction et le tendre attachement que m'ont témoigné mes paroissiens me font espérer que le Seigneur daignera rendre utile et fructueux le nouvel exercice de mon ministère pastoral. »

A. P. M<small>ICHAU</small>,
Curé de Saint-Symphorien.

Le successeur de M. Michau fut M. Lacretelle, comme nous l'indique le procès-verbal suivant : « Le dimanche 19 nivôse, an XI de la République Française, Jean, François Lacretelle, ancien chanoine régulier prémontré, ancien prieur, curé de Saint-Hilaire de Tours, fut installé à la cure de Saint-Symphorien comme successeur de M. Michau. »

Ce prêtre fit placer autour du sanctuaire la table de communion actuelle. Elle porte la date de 1806 et le monogramme de Jean-François Lacretelle.

Notre tâche est terminée. Nous pourrions, il est vrai, noter les heureuses modifications apportées par le Pasteur que vous connaissez, mais nous craindrions de blesser sa modestie.

En vous signalant les beautés de l'église Saint-Symphorien, nous voulions vous la faire aimer ainsi que le Dieu qui l'habite. Puissions-nous avoir réussi!

LISTE DES CURÉS DE SAINT-SYMPHORIEN

La liste complète des curés de la paroisse Saint-Symphorien est difficile à rétablir, faute de documents. Nous donnons ici les noms rencontrés çà et là dans les archives :

MM. Jean de Morvilliers, 1507;
Jean Trotereau, 1589;
René Buor, 1627;
Isaac François, 1642;
Jean Bouttier, 1674;
Barthélemy Martin, 1678;
Jean-Baptiste Jussay, 1719;
René Chicoineau, 1729;
Louis Bonneau, 1742;
Jean Gayaud, 1753;
André-Paul Michaud, 1784 à 1804;
Jean-François Lacretelle, 1804 à 1808;
Thomas-Étienne Dureau, 1808 à 1822;
Monjallon, 1822 à 1841;
Hippolyte Bodin, 1841 à 1872;
Pierre Chevreau, 1872 *ad multos annos*.

APPENDICE

ÉCOLE RELIGIEUSE ET CHARITABLE DE GARÇONS AU XVIIe SIÈCLE, DANS LA PAROISSE DE SAINT-SYMPHORIEN-DES-PONTS

Une école chrétienne est le complément de l'église paroissiale. Elle donne à l'enfant la notion vraie de ses devoirs et lui fait aimer la maison de Dieu. A la fin du XVIIe siècle, les habitants de Saint-Symphorien comprirent cette vérité et installèrent près de l'église une école destinée à recevoir « les enfants du faubourg et des paroisses avoisinantes ».

« Il faut remarquer, nous dit un vieux parchemin de 1704, que cette écolle ne couste rien à la paroisse et qu'elle fait un très grand bien, y ayant encore à présent plus de 60 escoliers. » (*Archives d'Indre-et-Loire.*)

Un ancien document nous explique comment l'école n'était point à charge aux habitants.

Le 26 novembre 1673, M. René Haton, marchand et bourgeois de Tours, et dame Perrine Leprestre, sa femme, donnèrent 4.000 francs pour bâtir un logement destiné à recevoir les vicaires et les prêtres habitués de la paroisse.

La donation fut approuvée, le 1ᵉʳ juillet 1674, dans une assemblée présidée par M. Jean Bouttier, curé. Le 26 mai 1678, le sieur curé Barthélemy Martin, « bachelier en théologie », et le sieur Masson, architecte, rendirent compte de leur mandat. Les dépenses dépassèrent de beaucoup les recettes, mais on eut un magnifique bâtiment qui put à la fois loger les prêtres et donner asile aux enfants. La générosité de M. Haton combla le déficit.

A l'ouverure de l'école, le nombre des élèves fut assez restreint, « car une chambre suffisait pour les recevoir ». Cinq ans plus tard, en 1703, l'école fut « ostée de l'appartement où elle était pour être placée dans la grande salle du séminaire, ou logement des prestres ».

Ce changement donna lieu à un petit incident comique que les chroniques du temps nous rapportent scrupuleusement : « Le sieur Richard, mécontent du changement de l'écolle, a, vendredy, le dernier du mois de septembre 1763, fermé la salle du séminaire et pris la clé et ne l'a pas voulu rendre, quelques sollicitations qui lui en aient été faites. Le sieur Richard n'a pas pu faire cela ni par ordre, ni de son chef, ni par pouvoir des habitants. Il prétextera peut-être que la salle est nécessaire pour mettre le prédicateur qui prêche tous les dimanches à la paroisse, mais c'est sans raison, puisque le prédicateur à toujours été chez M. le curé depuis qu'il est en possession de la cure. Il pourra peut-être dire encore que la salle est nécessaire pour mettre les tapisseries que l'on emporte à la feste de Pasques ? mais cette raison est aussi frivole que la première, puisque depuis longtemps les tapisseries ont été mises chez ledit sieur curé et non dans la salle. Il pourra dire encore, qu'il y a dans la salle quelques ornements de petits autels; mais la sacristie est plus grande qu'il ne faut pour contenir tous les ornements. » (*Archives d'Indre-et-Loire.*)

Malheureusement pour ce pauvre Richard, on lui rappela qu'il avait signé la requête à Mgr l'Archevêque pour demander ce changement. Honteux et confus, il rendit la clef et... la paix aux habitants.

Élever une maison pour recevoir les maîtres et les élèves n'est qu'une partie de l'œuvre. Des ressources sont nécessaires pour faire face aux dépenses annuelles. M. Haton avait fondé l'école; une autre famille généreuse assura l'avenir de l'œuvre. Nous donnons ici l'acte résumé de la rente.

« Par-devant les notaires du Roy furent présents en leurs personnes, dame Jeanne Besnard, dame de la Chastière, veuve de René Aveline, écuyer, conseiller du Roy (Louis XV), trézorier de France, général des finances au bareau de la généralité dudit Tours, demeurant audit Tours, paroisse Saint-Hilaire, et le sieur Robert Sablier, bourgeois, demeurant dans l'enclos de l'abbaye royale de Marmoutier-les-Tours, paroisse de Sainte-Radegonde : Lesquels, mus de piété et de charité, voullant pour la gloire de Dieu perpétuer la petite écolle qu'ils entretiennent depuis plusieures années dans les bâtiments du cimetière de l'église paroissialle du faubourg de Saint-Symphorien-des-Ponts de Tours, des jeunes garçons dudit faubourg et des paroisses voisines, ont, sous le bon plaisir et l'authorité de Mgr l'archevêque de Tours, et de l'agrément et du consentement de Martin, Jean-Baptiste Jussay, curé de Saint-Symphorien et des bourgeois et habitants d'icelle paroisse fondé et fondent la petite écolle de Saint-Symphorien. »

« Cette écolle sera tenue dans un appartement du cimetière de Saint-Symphorien, composé d'une salle basse dans laquelle les jeunes gens seront enseignés *gratuitement*. Mais le maître pourra obliger les pères et mères ou autres parents des garçons d'y apporter livres, plumes, papier et tout ce qui leur sera nécessaire pour leurs dites études et de les tenir proprement en leurs personnes et habits.

« L'écolle et son maître seront entretenus par le sieur curé, bourgeois et habitants de Saint-Symphorien et feront les réparations de l'école tant grosses que menues.

« La ditte écolle sera tenue par le sieur Jean Haron, qui, depuis plusieurs années, la tient et qui continuera à la tenir, à moins qu'il ne devienne ecclésiastique ou prestre, s'il reste assidu et ne lui arrive aucune chose En ce cas ou pour cause de mort, le Rev. Père Prieur du couvent de l'abbaye royalle de Marmoutier et messire Jacques Louis Dechambault, prêtre, chanoine regulier, à présent prieur curé de l'église Saint-Hilaire de Tours et ses successeurs; et le sieur Jussay, curé de Saint-Symphorien et ses successeurs, et dame Besnard et le sieur Sablier, fondateur, nommeront et choisiront sous le bon plaisir de Mgr l'Archevêque de Tours un sujet capable de tenir la ditte écolle et enseigner les enfants à lire en françois et en latin, à escrire et les rendre capables de continuer leurs études, si bon leur semble, dans le collège public.

« Ces maîtres d'écolle, devront autant ce pourra, être tirés des séminaires établis en plusieurs diocèses du royaume, et seront de l'âge d'environ vingt-cinq ans, non mariés, ni prestres, ni ecclésiastiques. Ils ne viendront point les jours ouvrables assister dans l'église de Saint-Symphorien, ou autres églises, aux services qui s'y feront, mais se tiendront dans leur écolle tous le jour; en hiver depuis huit heures du matin jusqu'à onze heures et en été de sept heures jusqu'à dix heures, et après-midi, en hiver de une heure à quatre heures et en été de deux heures à cinq heures. Les maîtres feront faire la prière aux enfants deux fois le jour et chaque jour au moins un quart d'heure de catéchisme : ils leur apprendront la manière de répondre et de servir la messe avec piété et dévotion.

« Le maître d'écolle sera dispensé de toutes contributions, impôts et autres charges.

« Les fondateurs fondent pour l'entretien de l'école une rente de 150 livres.

« Mais si, pour cause non prévue, la ditte fondation n'est pas exécutée, ou qu'on voulut appliquer les fonds à d'autres usages que celluy ci-dessus marqué, veulent lesdits fondateurs, que le fond ou revenu de la fondation soit transféré et appliqué à l'Hôpital de l'Hôtel-Dieu de Tours, sans qu'on puisse pour quelques raisons y changer la ditte disposition.

« Si l'école venait à recommencer, l'Hôtel-Dieu serait obligé de se désister de la reception dudit revenu, sans être tenu de reporter ce qu'il aura déjà reçu comme revenu. »

Les habitants de Saint-Symphorien, grâce au zèle et à la générosité de M. l'abbé Chevreau, ont aujourd'hui deux belles écoles où les enfants apprendront comme autrefois l'amour de Dieu et la connaissance de leurs devoirs.

TOURS

IMPRIMERIE DESLIS FRÈRES

6, RUE GAMBETTA

www.ingramcontent.com/pod-product-compliance
Lightning Source LLC
Chambersburg PA
CBHW061005050426
42453CB00009B/1271